I0019293

BUILD a BETTER PASSWORD

create and save strong, secure passwords the fun & easy way!

Danielle Mead

ISBN: 1544263260

ISBN-13: 978-1544263267

About This Book

Security experts say that the best password is one you can't remember. This book helps you create random passwords and saves them so you'll never forget!

How to Use This Book

1. Write the website name in the space provided
2. Review the password requirements given by the website to see what types of characters you can (or are required) to use
3. Circle a random selection of lowercase letters, uppercase letters, numbers and/or special characters (depending on which are required or allowed by the website)
4. Write down the characters you circled in any order in the space labeled "Password". If you use an online password manager, you can save it there instead of writing it in this book.
5. Optional: Log your new password in the index so it's easier to find later

Now creating strong, secure passwords is easy and fun!

Remember: Never use the same password for multiple websites. This book allows you to create as many unique passwords as you need for all your favorite websites.

Website: ____________________

Email/User: ____________________

Password: ____________________

a b c d e f g h i j k l m

n o p q r s t u v w x y z

A B C D E F G H I J K L M

N O P Q R S T U V W X Y Z

1 2 3 4 5 6 7 8 9 0

! @ # $ % ^ & * ( ) - _

Website: ____________________

Email/User: ____________________

Password: ____________________

a b c d e f g h i j k l m

n o p q r s t u v w x y z

A B C D E F G H I J K L M

N O P Q R S T U V W X Y Z

1 2 3 4 5 6 7 8 9 0

! @ # $ % ^ & * ( ) - _

Website: ______________________________

Email/User: ______________________________

Password: ______________________________

a	b	c	d	e	f	g	h	i	j	k	l	m
n	o	p	q	r	s	t	u	v	w	x	y	z
A	B	C	D	E	F	G	H	I	J	K	L	M
N	O	P	Q	R	S	T	U	V	W	X	Y	Z
1	2	3	4	5	6	7	8	9	0			
!	@	#	$	%	^	&	*	(	)	-	_	

Website: ______________________________

Email/User: ______________________________

Password: ______________________________

a	b	c	d	e	f	g	h	i	j	k	l	m
n	o	p	q	r	s	t	u	v	w	x	y	z
A	B	C	D	E	F	G	H	I	J	K	L	M
N	O	P	Q	R	S	T	U	V	W	X	Y	Z
1	2	3	4	5	6	7	8	9	0			
!	@	#	$	%	^	&	*	(	)	-	_	

Website:

Email/User:

Password:

a	b	c	d	e	f	g	h	i	j	k	l	m
n	o	p	q	r	s	t	u	v	w	x	y	z
A	B	C	D	E	F	G	H	I	J	K	L	M
N	O	P	Q	R	S	T	U	V	W	X	Y	Z
1	2	3	4	5	6	7	8	9	0			
!	@	#	$	%	^	&	*	(	)	-	_	

Website:

Email/User:

Password:

a	b	c	d	e	f	g	h	i	j	k	l	m
n	o	p	q	r	s	t	u	v	w	x	y	z
A	B	C	D	E	F	G	H	I	J	K	L	M
N	O	P	Q	R	S	T	U	V	W	X	Y	Z
1	2	3	4	5	6	7	8	9	0			
!	@	#	$	%	^	&	*	(	)	-	_	

Website:

Email/User:

Password:

a b c d e f g h i j k l m

n o p q r s t u v w x y z

A B C D E F G H I J K L M

N O P Q R S T U V W X Y Z

1 2 3 4 5 6 7 8 9 0

! @ # $ % ^ & * ( ) - _

Website:

Email/User:

Password:

a b c d e f g h i j k l m

n o p q r s t u v w x y z

A B C D E F G H I J K L M

N O P Q R S T U V W X Y Z

1 2 3 4 5 6 7 8 9 0

! @ # $ % ^ & * ( ) - _

Website:

Email/User:

Password:

a	b	c	d	e	f	g	h	i	j	k	l	m
n	o	p	q	r	s	t	u	v	w	x	y	z
A	B	C	D	E	F	G	H	I	J	K	L	M
N	O	P	Q	R	S	T	U	V	W	X	Y	Z
1	2	3	4	5	6	7	8	9	0			
!	@	#	$	%	^	&	*	(	)	-	_	

Website:

Email/User:

Password:

a	b	c	d	e	f	g	h	i	j	k	l	m
n	o	p	q	r	s	t	u	v	w	x	y	z
A	B	C	D	E	F	G	H	I	J	K	L	M
N	O	P	Q	R	S	T	U	V	W	X	Y	Z
1	2	3	4	5	6	7	8	9	0			
!	@	#	$	%	^	&	*	(	)	-	_	

Website: ____________________

Email/User: ____________________

Password: ____________________

a	b	c	d	e	f	g	h	i	j	k	l	m
n	o	p	q	r	s	t	u	v	w	x	y	z
A	B	C	D	E	F	G	H	I	J	K	L	M
N	O	P	Q	R	S	T	U	V	W	X	Y	Z
1	2	3	4	5	6	7	8	9	0			
!	@	#	$	%	^	&	*	(	)	-	_	

Website: ____________________

Email/User: ____________________

Password: ____________________

a	b	c	d	e	f	g	h	i	j	k	l	m
n	o	p	q	r	s	t	u	v	w	x	y	z
A	B	C	D	E	F	G	H	I	J	K	L	M
N	O	P	Q	R	S	T	U	V	W	X	Y	Z
1	2	3	4	5	6	7	8	9	0			
!	@	#	$	%	^	&	*	(	)	-	_	

Website: ______________________________

Email/User: ______________________________

Password: ______________________________

a	b	c	d	e	f	g	h	i	j	k	l	m
n	o	p	q	r	s	t	u	v	w	x	y	z
A	B	C	D	E	F	G	H	I	J	K	L	M
N	O	P	Q	R	S	T	U	V	W	X	Y	Z
1	2	3	4	5	6	7	8	9	0			
!	@	#	$	%	^	&	*	(	)	-	_	

Website: ______________________________

Email/User: ______________________________

Password: ______________________________

a	b	c	d	e	f	g	h	i	j	k	l	m
n	o	p	q	r	s	t	u	v	w	x	y	z
A	B	C	D	E	F	G	H	I	J	K	L	M
N	O	P	Q	R	S	T	U	V	W	X	Y	Z
1	2	3	4	5	6	7	8	9	0			
!	@	#	$	%	^	&	*	(	)	-	_	

Website: ____________________

Email/User: ____________________

Password: ____________________

a b c d e f g h i j k l m

n o p q r s t u v w x y z

A B C D E F G H I J K L M

N O P Q R S T U V W X Y Z

1 2 3 4 5 6 7 8 9 0

! @ # $ % ^ & * ( ) - _

Website: ____________________

Email/User: ____________________

Password: ____________________

a b c d e f g h i j k l m

n o p q r s t u v w x y z

A B C D E F G H I J K L M

N O P Q R S T U V W X Y Z

1 2 3 4 5 6 7 8 9 0

! @ # $ % ^ & * ( ) - _

Website: ______________________

Email/User: ______________________

Password: ______________________

a b c d e f g h i j k l m

n o p q r s t u v w x y z

A B C D E F G H I J K L M

N O P Q R S T U V W X Y Z

1 2 3 4 5 6 7 8 9 0

! @ # $ % ^ & * ( ) - _

Website: ______________________

Email/User: ______________________

Password: ______________________

a b c d e f g h i j k l m

n o p q r s t u v w x y z

A B C D E F G H I J K L M

N O P Q R S T U V W X Y Z

1 2 3 4 5 6 7 8 9 0

! @ # $ % ^ & * ( ) - _

Website:

Email/User:

Password:

a	b	c	d	e	f	g	h	i	j	k	l	m
n	o	p	q	r	s	t	u	v	w	x	y	z
A	B	C	D	E	F	G	H	I	J	K	L	M
N	O	P	Q	R	S	T	U	V	W	X	Y	Z
1	2	3	4	5	6	7	8	9	0			
!	@	#	$	%	^	&	*	(	)	-	_	

Website:

Email/User:

Password:

a	b	c	d	e	f	g	h	i	j	k	l	m
n	o	p	q	r	s	t	u	v	w	x	y	z
A	B	C	D	E	F	G	H	I	J	K	L	M
N	O	P	Q	R	S	T	U	V	W	X	Y	Z
1	2	3	4	5	6	7	8	9	0			
!	@	#	$	%	^	&	*	(	)	-	_	

Website:

Email/User:

Password:

a	b	c	d	e	f	g	h	i	j	k	l	m
n	o	p	q	r	s	t	u	v	w	x	y	z
A	B	C	D	E	F	G	H	I	J	K	L	M
N	O	P	Q	R	S	T	U	V	W	X	Y	Z
1	2	3	4	5	6	7	8	9	0			
!	@	#	$	%	^	&	*	(	)	-	_	

Website:

Email/User:

Password:

a	b	c	d	e	f	g	h	i	j	k	l	m
n	o	p	q	r	s	t	u	v	w	x	y	z
A	B	C	D	E	F	G	H	I	J	K	L	M
N	O	P	Q	R	S	T	U	V	W	X	Y	Z
1	2	3	4	5	6	7	8	9	0			
!	@	#	$	%	^	&	*	(	)	-	_	

Website: ____________________

Email/User: ____________________

Password: ____________________

a	b	c	d	e	f	g	h	i	j	k	l	m
n	o	p	q	r	s	t	u	v	w	x	y	z
A	B	C	D	E	F	G	H	I	J	K	L	M
N	O	P	Q	R	S	T	U	V	W	X	Y	Z
1	2	3	4	5	6	7	8	9	0			
!	@	#	$	%	^	&	*	(	)	-	_	

Website: ____________________

Email/User: ____________________

Password: ____________________

a	b	c	d	e	f	g	h	i	j	k	l	m
n	o	p	q	r	s	t	u	v	w	x	y	z
A	B	C	D	E	F	G	H	I	J	K	L	M
N	O	P	Q	R	S	T	U	V	W	X	Y	Z
1	2	3	4	5	6	7	8	9	0			
!	@	#	$	%	^	&	*	(	)	-	_	

Website: ______________________________

Email/User: ______________________________

Password: ______________________________

a	b	c	d	e	f	g	h	i	j	k	l	m
n	o	p	q	r	s	t	u	v	w	x	y	z
A	B	C	D	E	F	G	H	I	J	K	L	M
N	O	P	Q	R	S	T	U	V	W	X	Y	Z
1	2	3	4	5	6	7	8	9	0			
!	@	#	$	%	^	&	*	(	)	-	_	

Website: ______________________________

Email/User: ______________________________

Password: ______________________________

a	b	c	d	e	f	g	h	i	j	k	l	m
n	o	p	q	r	s	t	u	v	w	x	y	z
A	B	C	D	E	F	G	H	I	J	K	L	M
N	O	P	Q	R	S	T	U	V	W	X	Y	Z
1	2	3	4	5	6	7	8	9	0			
!	@	#	$	%	^	&	*	(	)	-	_	

Website: ______________________________

Email/User: ______________________________

Password: ______________________________

a	b	c	d	e	f	g	h	i	j	k	l	m
n	o	p	q	r	s	t	u	v	w	x	y	z
A	B	C	D	E	F	G	H	I	J	K	L	M
N	O	P	Q	R	S	T	U	V	W	X	Y	Z
1	2	3	4	5	6	7	8	9	0			
!	@	#	$	%	^	&	*	(	)	-	_	

Website: ______________________________

Email/User: ______________________________

Password: ______________________________

a	b	c	d	e	f	g	h	i	j	k	l	m
n	o	p	q	r	s	t	u	v	w	x	y	z
A	B	C	D	E	F	G	H	I	J	K	L	M
N	O	P	Q	R	S	T	U	V	W	X	Y	Z
1	2	3	4	5	6	7	8	9	0			
!	@	#	$	%	^	&	*	(	)	-	_	

Website: ______________________

Email/User: ______________________

Password: ______________________

a	b	c	d	e	f	g	h	i	j	k	l	m
n	o	p	q	r	s	t	u	v	w	x	y	z
A	B	C	D	E	F	G	H	I	J	K	L	M
N	O	P	Q	R	S	T	U	V	W	X	Y	Z
1	2	3	4	5	6	7	8	9	0			
!	@	#	$	%	^	&	*	(	)	-	_	

Website: ______________________

Email/User: ______________________

Password: ______________________

a	b	c	d	e	f	g	h	i	j	k	l	m
n	o	p	q	r	s	t	u	v	w	x	y	z
A	B	C	D	E	F	G	H	I	J	K	L	M
N	O	P	Q	R	S	T	U	V	W	X	Y	Z
1	2	3	4	5	6	7	8	9	0			
!	@	#	$	%	^	&	*	(	)	-	_	

Website: ______________________________

Email/User: ______________________________

Password: ______________________________

a	b	c	d	e	f	g	h	i	j	k	l	m
n	o	p	q	r	s	t	u	v	w	x	y	z
A	B	C	D	E	F	G	H	I	J	K	L	M
N	O	P	Q	R	S	T	U	V	W	X	Y	Z
1	2	3	4	5	6	7	8	9	0			
!	@	#	$	%	^	&	*	(	)	-	_	

Website: ______________________________

Email/User: ______________________________

Password: ______________________________

a	b	c	d	e	f	g	h	i	j	k	l	m
n	o	p	q	r	s	t	u	v	w	x	y	z
A	B	C	D	E	F	G	H	I	J	K	L	M
N	O	P	Q	R	S	T	U	V	W	X	Y	Z
1	2	3	4	5	6	7	8	9	0			
!	@	#	$	%	^	&	*	(	)	-	_	

Website: ____________________

Email/User: ____________________

Password: ____________________

a	b	c	d	e	f	g	h	i	j	k	l	m
n	o	p	q	r	s	t	u	v	w	x	y	z
A	B	C	D	E	F	G	H	I	J	K	L	M
N	O	P	Q	R	S	T	U	V	W	X	Y	Z
1	2	3	4	5	6	7	8	9	0			
!	@	#	$	%	^	&	*	(	)	-	_	

Website: ____________________

Email/User: ____________________

Password: ____________________

a	b	c	d	e	f	g	h	i	j	k	l	m
n	o	p	q	r	s	t	u	v	w	x	y	z
A	B	C	D	E	F	G	H	I	J	K	L	M
N	O	P	Q	R	S	T	U	V	W	X	Y	Z
1	2	3	4	5	6	7	8	9	0			
!	@	#	$	%	^	&	*	(	)	-	_	

Website:

Email/User:

Password:

a	b	c	d	e	f	g	h	i	j	k	l	m
n	o	p	q	r	s	t	u	v	w	x	y	z
A	B	C	D	E	F	G	H	I	J	K	L	M
N	O	P	Q	R	S	T	U	V	W	X	Y	Z
1	2	3	4	5	6	7	8	9	0			
!	@	#	$	%	^	&	*	(	)	-	_	

Website:

Email/User:

Password:

a	b	c	d	e	f	g	h	i	j	k	l	m
n	o	p	q	r	s	t	u	v	w	x	y	z
A	B	C	D	E	F	G	H	I	J	K	L	M
N	O	P	Q	R	S	T	U	V	W	X	Y	Z
1	2	3	4	5	6	7	8	9	0			
!	@	#	$	%	^	&	*	(	)	-	_	

Website: ______________________

Email/User: ______________________

Password: ______________________

a	b	c	d	e	f	g	h	i	j	k	l	m
n	o	p	q	r	s	t	u	v	w	x	y	z
A	B	C	D	E	F	G	H	I	J	K	L	M
N	O	P	Q	R	S	T	U	V	W	X	Y	Z
1	2	3	4	5	6	7	8	9	0			
!	@	#	$	%	^	&	*	(	)	-	_	

Website: ______________________

Email/User: ______________________

Password: ______________________

a	b	c	d	e	f	g	h	i	j	k	l	m
n	o	p	q	r	s	t	u	v	w	x	y	z
A	B	C	D	E	F	G	H	I	J	K	L	M
N	O	P	Q	R	S	T	U	V	W	X	Y	Z
1	2	3	4	5	6	7	8	9	0			
!	@	#	$	%	^	&	*	(	)	-	_	

Website: ______________________

Email/User: ______________________

Password: ______________________

a	b	c	d	e	f	g	h	i	j	k	l	m
n	o	p	q	r	s	t	u	v	w	x	y	z
A	B	C	D	E	F	G	H	I	J	K	L	M
N	O	P	Q	R	S	T	U	V	W	X	Y	Z
1	2	3	4	5	6	7	8	9	0			
!	@	#	$	%	^	&	*	(	)	-	_	

Website: ______________________

Email/User: ______________________

Password: ______________________

a	b	c	d	e	f	g	h	i	j	k	l	m
n	o	p	q	r	s	t	u	v	w	x	y	z
A	B	C	D	E	F	G	H	I	J	K	L	M
N	O	P	Q	R	S	T	U	V	W	X	Y	Z
1	2	3	4	5	6	7	8	9	0			
!	@	#	$	%	^	&	*	(	)	-	_	

Website: ________________________

Email/User: ________________________

Password: ________________________

a	b	c	d	e	f	g	h	i	j	k	l	m
n	o	p	q	r	s	t	u	v	w	x	y	z
A	B	C	D	E	F	G	H	I	J	K	L	M
N	O	P	Q	R	S	T	U	V	W	X	Y	Z
1	2	3	4	5	6	7	8	9	0			
!	@	#	$	%	^	&	*	(	)	-	_	

Website: ________________________

Email/User: ________________________

Password: ________________________

a	b	c	d	e	f	g	h	i	j	k	l	m
n	o	p	q	r	s	t	u	v	w	x	y	z
A	B	C	D	E	F	G	H	I	J	K	L	M
N	O	P	Q	R	S	T	U	V	W	X	Y	Z
1	2	3	4	5	6	7	8	9	0			
!	@	#	$	%	^	&	*	(	)	-	_	

Website:

Email/User:

Password:

a	b	c	d	e	f	g	h	i	j	k	l	m
n	o	p	q	r	s	t	u	v	w	x	y	z
A	B	C	D	E	F	G	H	I	J	K	L	M
N	O	P	Q	R	S	T	U	V	W	X	Y	Z
1	2	3	4	5	6	7	8	9	0			
!	@	#	$	%	^	&	*	(	)	-	_	

Website:

Email/User:

Password:

a	b	c	d	e	f	g	h	i	j	k	l	m
n	o	p	q	r	s	t	u	v	w	x	y	z
A	B	C	D	E	F	G	H	I	J	K	L	M
N	O	P	Q	R	S	T	U	V	W	X	Y	Z
1	2	3	4	5	6	7	8	9	0			
!	@	#	$	%	^	&	*	(	)	-	_	

Website: ____________________

Email/User: ____________________

Password: ____________________

a	b	c	d	e	f	g	h	i	j	k	l	m
n	o	p	q	r	s	t	u	v	w	x	y	z
A	B	C	D	E	F	G	H	I	J	K	L	M
N	O	P	Q	R	S	T	U	V	W	X	Y	Z
1	2	3	4	5	6	7	8	9	0			
!	@	#	$	%	^	&	*	(	)	-	_	

Website: ____________________

Email/User: ____________________

Password: ____________________

a	b	c	d	e	f	g	h	i	j	k	l	m
n	o	p	q	r	s	t	u	v	w	x	y	z
A	B	C	D	E	F	G	H	I	J	K	L	M
N	O	P	Q	R	S	T	U	V	W	X	Y	Z
1	2	3	4	5	6	7	8	9	0			
!	@	#	$	%	^	&	*	(	)	-	_	

Website: ________________________________

Email/User: ________________________________

Password: ________________________________

a	b	c	d	e	f	g	h	i	j	k	l	m
n	o	p	q	r	s	t	u	v	w	x	y	z
A	B	C	D	E	F	G	H	I	J	K	L	M
N	O	P	Q	R	S	T	U	V	W	X	Y	Z
1	2	3	4	5	6	7	8	9	0			
!	@	#	$	%	^	&	*	(	)	-	_	

Website: ________________________________

Email/User: ________________________________

Password: ________________________________

a	b	c	d	e	f	g	h	i	j	k	l	m
n	o	p	q	r	s	t	u	v	w	x	y	z
A	B	C	D	E	F	G	H	I	J	K	L	M
N	O	P	Q	R	S	T	U	V	W	X	Y	Z
1	2	3	4	5	6	7	8	9	0			
!	@	#	$	%	^	&	*	(	)	-	_	

Website: _____________________________________

Email/User: _____________________________________

Password: _____________________________________

a b c d e f g h i j k l m

n o p q r s t u v w x y z

A B C D E F G H I J K L M

N O P Q R S T U V W X Y Z

1 2 3 4 5 6 7 8 9 0

! @ # $ % ^ & * ( ) - _

Website: _____________________________________

Email/User: _____________________________________

Password: _____________________________________

a b c d e f g h i j k l m

n o p q r s t u v w x y z

A B C D E F G H I J K L M

N O P Q R S T U V W X Y Z

1 2 3 4 5 6 7 8 9 0

! @ # $ % ^ & * ( ) - _

Website: ______________________

Email/User: ______________________

Password: ______________________

a	b	c	d	e	f	g	h	i	j	k	l	m
n	o	p	q	r	s	t	u	v	w	x	y	z
A	B	C	D	E	F	G	H	I	J	K	L	M
N	O	P	Q	R	S	T	U	V	W	X	Y	Z
1	2	3	4	5	6	7	8	9	0			
!	@	#	$	%	^	&	*	(	)	-	_	

Website: ______________________

Email/User: ______________________

Password: ______________________

a	b	c	d	e	f	g	h	i	j	k	l	m
n	o	p	q	r	s	t	u	v	w	x	y	z
A	B	C	D	E	F	G	H	I	J	K	L	M
N	O	P	Q	R	S	T	U	V	W	X	Y	Z
1	2	3	4	5	6	7	8	9	0			
!	@	#	$	%	^	&	*	(	)	-	_	

Website: ______________________

Email/User: ______________________

Password: ______________________

a	b	c	d	e	f	g	h	i	j	k	l	m
n	o	p	q	r	s	t	u	v	w	x	y	z
A	B	C	D	E	F	G	H	I	J	K	L	M
N	O	P	Q	R	S	T	U	V	W	X	Y	Z
1	2	3	4	5	6	7	8	9	0			
!	@	#	$	%	^	&	*	(	)	-	_	

Website: ______________________

Email/User: ______________________

Password: ______________________

a	b	c	d	e	f	g	h	i	j	k	l	m
n	o	p	q	r	s	t	u	v	w	x	y	z
A	B	C	D	E	F	G	H	I	J	K	L	M
N	O	P	Q	R	S	T	U	V	W	X	Y	Z
1	2	3	4	5	6	7	8	9	0			
!	@	#	$	%	^	&	*	(	)	-	_	

Website: ____________________

Email/User: ____________________

Password: ____________________

a b c d e f g h i j k l m

n o p q r s t u v w x y z

A B C D E F G H I J K L M

N O P Q R S T U V W X Y Z

1 2 3 4 5 6 7 8 9 0

! @ # $ % ^ & * ( ) - _

Website: ____________________

Email/User: ____________________

Password: ____________________

a b c d e f g h i j k l m

n o p q r s t u v w x y z

A B C D E F G H I J K L M

N O P Q R S T U V W X Y Z

1 2 3 4 5 6 7 8 9 0

! @ # $ % ^ & * ( ) - _

Website: ______________________________

Email/User: ______________________________

Password: ______________________________

a b c d e f g h i j k l m

n o p q r s t u v w x y z

A B C D E F G H I J K L M

N O P Q R S T U V W X Y Z

1 2 3 4 5 6 7 8 9 0

! @ # $ % ^ & * ( ) - _

Website: ______________________________

Email/User: ______________________________

Password: ______________________________

a b c d e f g h i j k l m

n o p q r s t u v w x y z

A B C D E F G H I J K L M

N O P Q R S T U V W X Y Z

1 2 3 4 5 6 7 8 9 0

! @ # $ % ^ & * ( ) - _

Website: ________________________________

Email/User: ________________________________

Password: ________________________________

a b c d e f g h i j k l m

n o p q r s t u v w x y z

A B C D E F G H I J K L M

N O P Q R S T U V W X Y Z

1 2 3 4 5 6 7 8 9 0

! @ # $ % ^ & * ( ) - _

Website: ________________________________

Email/User: ________________________________

Password: ________________________________

a b c d e f g h i j k l m

n o p q r s t u v w x y z

A B C D E F G H I J K L M

N O P Q R S T U V W X Y Z

1 2 3 4 5 6 7 8 9 0

! @ # $ % ^ & * ( ) - _

Website:

Email/User:

Password:

a	b	c	d	e	f	g	h	i	j	k	l	m
n	o	p	q	r	s	t	u	v	w	x	y	z
A	B	C	D	E	F	G	H	I	J	K	L	M
N	O	P	Q	R	S	T	U	V	W	X	Y	Z
1	2	3	4	5	6	7	8	9	0			
!	@	#	$	%	^	&	*	(	)	-	_	

Website:

Email/User:

Password:

a	b	c	d	e	f	g	h	i	j	k	l	m
n	o	p	q	r	s	t	u	v	w	x	y	z
A	B	C	D	E	F	G	H	I	J	K	L	M
N	O	P	Q	R	S	T	U	V	W	X	Y	Z
1	2	3	4	5	6	7	8	9	0			
!	@	#	$	%	^	&	*	(	)	-	_	

Website:

Email/User:

Password:

a	b	c	d	e	f	g	h	i	j	k	l	m
n	o	p	q	r	s	t	u	v	w	x	y	z
A	B	C	D	E	F	G	H	I	J	K	L	M
N	O	P	Q	R	S	T	U	V	W	X	Y	Z
1	2	3	4	5	6	7	8	9	0			
!	@	#	$	%	^	&	*	(	)	-	_	

Website:

Email/User:

Password:

a	b	c	d	e	f	g	h	i	j	k	l	m
n	o	p	q	r	s	t	u	v	w	x	y	z
A	B	C	D	E	F	G	H	I	J	K	L	M
N	O	P	Q	R	S	T	U	V	W	X	Y	Z
1	2	3	4	5	6	7	8	9	0			
!	@	#	$	%	^	&	*	(	)	-	_	

Website:

Email/User:

Password:

a	b	c	d	e	f	g	h	i	j	k	l	m
n	o	p	q	r	s	t	u	v	w	x	y	z
A	B	C	D	E	F	G	H	I	J	K	L	M
N	O	P	Q	R	S	T	U	V	W	X	Y	Z
1	2	3	4	5	6	7	8	9	0			
!	@	#	$	%	^	&	*	(	)	-	_	

Website:

Email/User:

Password:

a	b	c	d	e	f	g	h	i	j	k	l	m
n	o	p	q	r	s	t	u	v	w	x	y	z
A	B	C	D	E	F	G	H	I	J	K	L	M
N	O	P	Q	R	S	T	U	V	W	X	Y	Z
1	2	3	4	5	6	7	8	9	0			
!	@	#	$	%	^	&	*	(	)	-	_	

Website: ______________________

Email/User: ______________________

Password: ______________________

a	b	c	d	e	f	g	h	i	j	k	l	m
n	o	p	q	r	s	t	u	v	w	x	y	z
A	B	C	D	E	F	G	H	I	J	K	L	M
N	O	P	Q	R	S	T	U	V	W	X	Y	Z
1	2	3	4	5	6	7	8	9	0			
!	@	#	$	%	^	&	*	(	)	-	_	

Website: ______________________

Email/User: ______________________

Password: ______________________

a	b	c	d	e	f	g	h	i	j	k	l	m
n	o	p	q	r	s	t	u	v	w	x	y	z
A	B	C	D	E	F	G	H	I	J	K	L	M
N	O	P	Q	R	S	T	U	V	W	X	Y	Z
1	2	3	4	5	6	7	8	9	0			
!	@	#	$	%	^	&	*	(	)	-	_	

Website: ______________________________

Email/User: ______________________________

Password: ______________________________

a	b	c	d	e	f	g	h	i	j	k	l	m
n	o	p	q	r	s	t	u	v	w	x	y	z
A	B	C	D	E	F	G	H	I	J	K	L	M
N	O	P	Q	R	S	T	U	V	W	X	Y	Z
1	2	3	4	5	6	7	8	9	0			
!	@	#	$	%	^	&	*	(	)	-	_	

Website: ______________________________

Email/User: ______________________________

Password: ______________________________

a	b	c	d	e	f	g	h	i	j	k	l	m
n	o	p	q	r	s	t	u	v	w	x	y	z
A	B	C	D	E	F	G	H	I	J	K	L	M
N	O	P	Q	R	S	T	U	V	W	X	Y	Z
1	2	3	4	5	6	7	8	9	0			
!	@	#	$	%	^	&	*	(	)	-	_	

Website: ______________________

Email/User: ______________________

Password: ______________________

a	b	c	d	e	f	g	h	i	j	k	l	m
n	o	p	q	r	s	t	u	v	w	x	y	z
A	B	C	D	E	F	G	H	I	J	K	L	M
N	O	P	Q	R	S	T	U	V	W	X	Y	Z
1	2	3	4	5	6	7	8	9	0			
!	@	#	$	%	^	&	*	(	)	-	_	

Website: ______________________

Email/User: ______________________

Password: ______________________

a	b	c	d	e	f	g	h	i	j	k	l	m
n	o	p	q	r	s	t	u	v	w	x	y	z
A	B	C	D	E	F	G	H	I	J	K	L	M
N	O	P	Q	R	S	T	U	V	W	X	Y	Z
1	2	3	4	5	6	7	8	9	0			
!	@	#	$	%	^	&	*	(	)	-	_	

Website:

Email/User:

Password:

a	b	c	d	e	f	g	h	i	j	k	l	m
n	o	p	q	r	s	t	u	v	w	x	y	z
A	B	C	D	E	F	G	H	I	J	K	L	M
N	O	P	Q	R	S	T	U	V	W	X	Y	Z
1	2	3	4	5	6	7	8	9	0			
!	@	#	$	%	^	&	*	(	)	-	_	

Website:

Email/User:

Password:

a	b	c	d	e	f	g	h	i	j	k	l	m
n	o	p	q	r	s	t	u	v	w	x	y	z
A	B	C	D	E	F	G	H	I	J	K	L	M
N	O	P	Q	R	S	T	U	V	W	X	Y	Z
1	2	3	4	5	6	7	8	9	0			
!	@	#	$	%	^	&	*	(	)	-	_	

Website:

Email/User:

Password:

a	b	c	d	e	f	g	h	i	j	k	l	m
n	o	p	q	r	s	t	u	v	w	x	y	z
A	B	C	D	E	F	G	H	I	J	K	L	M
N	O	P	Q	R	S	T	U	V	W	X	Y	Z
1	2	3	4	5	6	7	8	9	0			
!	@	#	$	%	^	&	*	(	)	-	_	

Website:

Email/User:

Password:

a	b	c	d	e	f	g	h	i	j	k	l	m
n	o	p	q	r	s	t	u	v	w	x	y	z
A	B	C	D	E	F	G	H	I	J	K	L	M
N	O	P	Q	R	S	T	U	V	W	X	Y	Z
1	2	3	4	5	6	7	8	9	0			
!	@	#	$	%	^	&	*	(	)	-	_	

Website: ______________________________

Email/User: ______________________________

Password: ______________________________

a	b	c	d	e	f	g	h	i	j	k	l	m
n	o	p	q	r	s	t	u	v	w	x	y	z
A	B	C	D	E	F	G	H	I	J	K	L	M
N	O	P	Q	R	S	T	U	V	W	X	Y	Z
1	2	3	4	5	6	7	8	9	0			
!	@	#	$	%	^	&	*	(	)	-	_	

Website: ______________________________

Email/User: ______________________________

Password: ______________________________

a	b	c	d	e	f	g	h	i	j	k	l	m
n	o	p	q	r	s	t	u	v	w	x	y	z
A	B	C	D	E	F	G	H	I	J	K	L	M
N	O	P	Q	R	S	T	U	V	W	X	Y	Z
1	2	3	4	5	6	7	8	9	0			
!	@	#	$	%	^	&	*	(	)	-	_	

Website:

Email/User:

Password:

a	b	c	d	e	f	g	h	i	j	k	l	m
n	o	p	q	r	s	t	u	v	w	x	y	z
A	B	C	D	E	F	G	H	I	J	K	L	M
N	O	P	Q	R	S	T	U	V	W	X	Y	Z
1	2	3	4	5	6	7	8	9	0			
!	@	#	$	%	^	&	*	(	)	-	_	

Website:

Email/User:

Password:

a	b	c	d	e	f	g	h	i	j	k	l	m
n	o	p	q	r	s	t	u	v	w	x	y	z
A	B	C	D	E	F	G	H	I	J	K	L	M
N	O	P	Q	R	S	T	U	V	W	X	Y	Z
1	2	3	4	5	6	7	8	9	0			
!	@	#	$	%	^	&	*	(	)	-	_	

Website: ______________________

Email/User: ______________________

Password: ______________________

a b c d e f g h i j k l m

n o p q r s t u v w x y z

A B C D E F G H I J K L M

N O P Q R S T U V W X Y Z

1 2 3 4 5 6 7 8 9 0

! @ # $ % ^ & * ( ) - _

Website: ______________________

Email/User: ______________________

Password: ______________________

a b c d e f g h i j k l m

n o p q r s t u v w x y z

A B C D E F G H I J K L M

N O P Q R S T U V W X Y Z

1 2 3 4 5 6 7 8 9 0

! @ # $ % ^ & * ( ) - _

Website: ____________________

Email/User: ____________________

Password: ____________________

a	b	c	d	e	f	g	h	i	j	k	l	m
n	o	p	q	r	s	t	u	v	w	x	y	z
A	B	C	D	E	F	G	H	I	J	K	L	M
N	O	P	Q	R	S	T	U	V	W	X	Y	Z
1	2	3	4	5	6	7	8	9	0			
!	@	#	$	%	^	&	*	(	)	-	_	

Website: ____________________

Email/User: ____________________

Password: ____________________

a	b	c	d	e	f	g	h	i	j	k	l	m
n	o	p	q	r	s	t	u	v	w	x	y	z
A	B	C	D	E	F	G	H	I	J	K	L	M
N	O	P	Q	R	S	T	U	V	W	X	Y	Z
1	2	3	4	5	6	7	8	9	0			
!	@	#	$	%	^	&	*	(	)	-	_	

Website:

Email/User:

Password:

a	b	c	d	e	f	g	h	i	j	k	l	m
n	o	p	q	r	s	t	u	v	w	x	y	z
A	B	C	D	E	F	G	H	I	J	K	L	M
N	O	P	Q	R	S	T	U	V	W	X	Y	Z
1	2	3	4	5	6	7	8	9	0			
!	@	#	$	%	^	&	*	(	)	-	_	

Website:

Email/User:

Password:

a	b	c	d	e	f	g	h	i	j	k	l	m
n	o	p	q	r	s	t	u	v	w	x	y	z
A	B	C	D	E	F	G	H	I	J	K	L	M
N	O	P	Q	R	S	T	U	V	W	X	Y	Z
1	2	3	4	5	6	7	8	9	0			
!	@	#	$	%	^	&	*	(	)	-	_	

Website: __________

Email/User: __________

Password: __________

a b c d e f g h i j k l m

n o p q r s t u v w x y z

A B C D E F G H I J K L M

N O P Q R S T U V W X Y Z

1 2 3 4 5 6 7 8 9 0

! @ # $ % ^ & * ( ) - _

Website: __________

Email/User: __________

Password: __________

a b c d e f g h i j k l m

n o p q r s t u v w x y z

A B C D E F G H I J K L M

N O P Q R S T U V W X Y Z

1 2 3 4 5 6 7 8 9 0

! @ # $ % ^ & * ( ) - _

Website:

Email/User:

Password:

a	b	c	d	e	f	g	h	i	j	k	l	m
n	o	p	q	r	s	t	u	v	w	x	y	z
A	B	C	D	E	F	G	H	I	J	K	L	M
N	O	P	Q	R	S	T	U	V	W	X	Y	Z
1	2	3	4	5	6	7	8	9	0			
!	@	#	$	%	^	&	*	(	)	-	_	

Website:

Email/User:

Password:

a	b	c	d	e	f	g	h	i	j	k	l	m
n	o	p	q	r	s	t	u	v	w	x	y	z
A	B	C	D	E	F	G	H	I	J	K	L	M
N	O	P	Q	R	S	T	U	V	W	X	Y	Z
1	2	3	4	5	6	7	8	9	0			
!	@	#	$	%	^	&	*	(	)	-	_	

Website:

Email/User:

Password:

a	b	c	d	e	f	g	h	i	j	k	l	m
n	o	p	q	r	s	t	u	v	w	x	y	z
A	B	C	D	E	F	G	H	I	J	K	L	M
N	O	P	Q	R	S	T	U	V	W	X	Y	Z
1	2	3	4	5	6	7	8	9	0			
!	@	#	$	%	^	&	*	(	)	-	_	

Website:

Email/User:

Password:

a	b	c	d	e	f	g	h	i	j	k	l	m
n	o	p	q	r	s	t	u	v	w	x	y	z
A	B	C	D	E	F	G	H	I	J	K	L	M
N	O	P	Q	R	S	T	U	V	W	X	Y	Z
1	2	3	4	5	6	7	8	9	0			
!	@	#	$	%	^	&	*	(	)	-	_	

Website: ______________________

Email/User: ______________________

Password: ______________________

a	b	c	d	e	f	g	h	i	j	k	l	m
n	o	p	q	r	s	t	u	v	w	x	y	z
A	B	C	D	E	F	G	H	I	J	K	L	M
N	O	P	Q	R	S	T	U	V	W	X	Y	Z
1	2	3	4	5	6	7	8	9	0			
!	@	#	$	%	^	&	*	(	)	-	_	

Website: ______________________

Email/User: ______________________

Password: ______________________

a	b	c	d	e	f	g	h	i	j	k	l	m
n	o	p	q	r	s	t	u	v	w	x	y	z
A	B	C	D	E	F	G	H	I	J	K	L	M
N	O	P	Q	R	S	T	U	V	W	X	Y	Z
1	2	3	4	5	6	7	8	9	0			
!	@	#	$	%	^	&	*	(	)	-	_	

Website: ______________________

Email/User: ______________________

Password: ______________________

a	b	c	d	e	f	g	h	i	j	k	l	m
n	o	p	q	r	s	t	u	v	w	x	y	z
A	B	C	D	E	F	G	H	I	J	K	L	M
N	O	P	Q	R	S	T	U	V	W	X	Y	Z
1	2	3	4	5	6	7	8	9	0			
!	@	#	$	%	^	&	*	(	)	-	_	

Website: ______________________

Email/User: ______________________

Password: ______________________

a	b	c	d	e	f	g	h	i	j	k	l	m
n	o	p	q	r	s	t	u	v	w	x	y	z
A	B	C	D	E	F	G	H	I	J	K	L	M
N	O	P	Q	R	S	T	U	V	W	X	Y	Z
1	2	3	4	5	6	7	8	9	0			
!	@	#	$	%	^	&	*	(	)	-	_	

Website:

Email/User:

Password:

a b c d e f g h i j k l m

n o p q r s t u v w x y z

A B C D E F G H I J K L M

N O P Q R S T U V W X Y Z

1 2 3 4 5 6 7 8 9 0

! @ # $ % ^ & * ( ) - _

Website:

Email/User:

Password:

a b c d e f g h i j k l m

n o p q r s t u v w x y z

A B C D E F G H I J K L M

N O P Q R S T U V W X Y Z

1 2 3 4 5 6 7 8 9 0

! @ # $ % ^ & * ( ) - _

Website: ______________________________

Email/User: ______________________________

Password: ______________________________

a	b	c	d	e	f	g	h	i	j	k	l	m
n	o	p	q	r	s	t	u	v	w	x	y	z
A	B	C	D	E	F	G	H	I	J	K	L	M
N	O	P	Q	R	S	T	U	V	W	X	Y	Z
1	2	3	4	5	6	7	8	9	0			
!	@	#	$	%	^	&	*	(	)	-	_	

Website: ______________________________

Email/User: ______________________________

Password: ______________________________

a	b	c	d	e	f	g	h	i	j	k	l	m
n	o	p	q	r	s	t	u	v	w	x	y	z
A	B	C	D	E	F	G	H	I	J	K	L	M
N	O	P	Q	R	S	T	U	V	W	X	Y	Z
1	2	3	4	5	6	7	8	9	0			
!	@	#	$	%	^	&	*	(	)	-	_	

Index

Log your website passwords here so it's easier to find them each time you sign in.

Website	**Pg #**

Website	Pg #

Website **Pg #**

Website **Pg #**

Website **Pg #**

Website	Pg #

Acknowledgements

I couldn't have come up with the idea for this book without my always-supportive husband, Matthew Goodman. His insight and suggestions helped grow my simple idea into a fully fleshed-out product.

About the Author

Danielle Mead is an e-commerce consultant and web designer with almost 20 years' experience working at startups and online companies. Her company Duck Soup E-Commerce helps small and medium sized businesses launch and grow online stores in just about every industry. Her previous books include *E-Commerce for Everyone: How to Launch a Successful Online Store Using Bigcommerce (or Other Hosted Platforms)* and *So You Need a Web Designer: How to Find the Right One, Build a Great Working Relationship and Create the Website You Want*, both available on Amazon.com for Kindle.

www.ingramcontent.com/pod-product-compliance
Lightning Source LLC
La Vergne TN
LVHW052321060326
832902LV00023B/4537
* 9 7 8 1 5 4 4 2 6 3 2 6 7 *